JN045150

どうなってるの？

税金の使われ方
ぜい　きん

③ くらしを作る 　道路・水道・防災 ほか
ぼう さい

『税金の使われ方』編集委員会 編著

汐文社

どうなってるの？　税金の使われ方

③

くらしを作る～道路・水道・防災ほか

もくじ

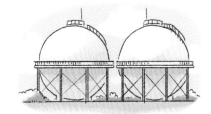
●本書に掲載されている各種データは、原稿執筆時に入手したデータに基づいて作成されたもので、現状と一致しない場合があります。また、歳入と歳出に関する金額は、すべて一般会計当初予算です。

国があつかうお金のしくみ

消費税や所得税、住民税など、私たち国民は、国や地方公共団体（自治体）に税金を払っています。なぜ、国や自治体は税金を集めるのでしょうか？

みんなが使う道路や水道、橋、学校などは、国や自治体が建設しています。その費用の多くは、税金でまかなわれているのです。もし税金がなかったら、これらを作ることができません。

つまり、国や自治体は、国民や企業から集めた税金（収入）を、公共の施設やサービスを提供するためのお金にあてているのです。

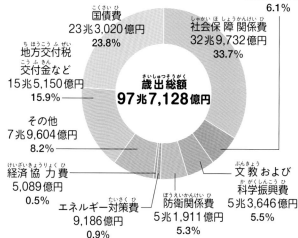

国・地方公共団体

公共施設・サービス　税金　　税金　公共施設・サービス

国民　　賃金　　労働　　**企業**

もの・サービス　　代金

国や自治体が収入を得て支出をするという経済活動を「財政」といい、収入は「歳入」、支出は「歳出」といいます。

2018年度の国の歳入と歳出はともに97兆7,128億円で、歳出の内訳は、左の図のようになっています。

国の歳出（2018年度）

歳出総額 **97兆7,128億円**

- 公共事業関係費 5兆9,789億円 6.1%
- 社会保障関係費 32兆9,732億円 33.7%
- 国債費 23兆3,020億円 23.8%
- 地方交付税交付金など 15兆5,150億円 15.9%
- その他 7兆9,604億円 8.2%
- 経済協力費 5,089億円 0.5%
- エネルギー対策費 9,186億円 0.9%
- 防衛関係費 5兆1,911億円 5.3%
- 文教および科学振興費 5兆3,646億円 5.5%

出典：『図説 日本の財政（平成30年度版）』宇波弘貴編著（財経詳報社）

4

景気対策なども税金のやくわり

財政には、つぎの3つのやくわりがあります。

まず1つめは、「資源配分の調整」です。道路や橋の建設、警察・消防、教育、社会保障といった利益を生まない公共サービスは、民間にまかせることができません。そこで、国や自治体が、お金や労働力といった資源を集めて、公共サービスを国民に提供しているのです。

2つめは、「所得の再分配」です。所得の高い人と低い人の格差が広がりすぎないように、高所得の人からより多くの税金を取り、低所得の人に手厚い社会保障を行います。たとえば、日本では、所得が高い人ほど所得税などの税率が高くなる「累進課税」というしくみを採用しています。

3つめは、「景気の調整」です。景気はバランスが大事で、悪すぎると失業者が増えたりしますし、よすぎても物価が上がったりします。そこで、不景気のときには減税や社会保障の充実で景気の落ちこみを少なくし、好景気のときには増税などで景気の過熱をおさえることで、経済の安定をはかっています。

財政の3つのやくわり

資源配分の調整

税金・労働力 →
← 公共サービス

国民　　　　　国・自治体

景気の調整

好景気　　　　　不景気

増税　　　　　減税

所得の再分配

多くの税金 →
← 社会保障

← 少ない税金
手厚い → 社会保障

高所得者　　　国・自治体　　　低所得者

くらしの基礎を作る

2018年度予算の歳出（➡4ページ）のなかで、6兆円近く使われているのが「公共事業関係費」です。「公共事業」とは、道路や橋、上下水道、鉄道、空港など、「社会資本」や「インフラストラクチャー（インフラ）」と呼ばれるものの建設や整備などを行う事業です。

これらは、みなさんも毎日、当たり前のように使っています。もしこれらを民間企業や団体、個人が作ろうとしても、建設や維持・管理にばく大なお金がかかり、採算がとれないでしょう。このように、国民みんなにとって必要で、無料かとても安い料金で使うことができるものは、国や自治体が税金などを使って作っているのです。

実際に作るのは建設会社をはじめとした民間企業が中心です。企業が国や自治体から資金をもらって建設・整備をしています。

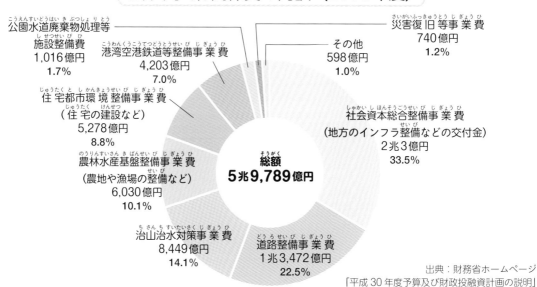

公共事業関係費の内訳（2018年度）

公園水道廃棄物処理等
施設整備費
1,016億円
1.7%

港湾空港鉄道等整備事業費
4,203億円
7.0%

住宅都市環境整備事業費
（住宅の建設など）
5,278億円
8.8%

農林水産基盤整備事業費
（農地や漁場の整備など）
6,030億円
10.1%

治山治水対策事業費
8,449億円
14.1%

その他
598億円
1.0%

災害復旧等事業費
740億円
1.2%

総額
5兆9,789億円

社会資本総合整備事業費
（地方のインフラ整備などの交付金）
2兆3億円
33.5%

道路整備事業費
1兆3,472億円
22.5%

出典：財務省ホームページ
「平成30年度予算及び財政投融資計画の説明」

おもな公共事業には、道路やトンネル、橋の整備（➡8ページ）、河川の整備や治水対策（➡10ページ）、上下水道の整備（➡12ページ）、公園の整備（➡14ページ）、港や空港の整備（➡16ページ）、鉄道の整備（➡18ページ）、公営住宅の建設や区画整理などの都市整備（➡20ページ）などがあります。その資金は、国や自治体の税金のほか、国債や地方債なども使われます。

昭和時代には、高度経済成長のいきおいに乗って、インフラの整備に多額のお金が使われました。バブル経済崩壊後も、「景気をよくするため」として、公共事業にお金が費やされてきました。

公共事業関係費は、1998年度の14.9兆円がピークとなりましたが、そのころから「公共事業＝税金のむだづかい」という批判が起こり、だんだんと減っていきました。2018年度は、ピーク時とくらべて4割ほどに減っています。

公共事業関係費のうつりかわり

（2018年度は当初予算、それ以外は補正後）

（兆円）

1990	8.2兆円
1994	10.6兆円
1998	14.9兆円
2002	10.0兆円
2006	7.8兆円
2010	6.4兆円
2014	6.4兆円
2018（年度）	6.0兆円

出典：『平成30年度国土交通省・公共事業関係予算のポイント』（財務省資料）

道路や橋などを整備するための税金

人が移動するのはもちろん、荷物を運ぶためにも欠かせないのが道路です。宅配便で送った荷物が数日で目的地にとどくのも、とれたばかりの野菜や魚が新鮮なまま食卓にならぶのも、日本中にくまなく道路がはりめぐらされているからです。

道路とひと口にいっても、道幅のせまい路地から、車線がいくつもある国道や高速道路までさまざまです。一般的には、国道は国、都道府県道は都道府県、区市町村道は区市町村がお金を出して整備しますが、自治体の道路については、自治体だけですべての費用を出すのはむずかしいため、国もお金を出しています。個人が整備した私道も、それが住民みんなで共用されるものであれば、自治体から税金で補助が出ます。

財源は、国税、地方税のほか、国債、地方債、財政投融資なども使われます。2018年度予算による国の「道路整備事業費」は、1兆3,472億円となっています。

車や人が通る橋やトンネルなども、国や自治体が整備します。しかし、作ってしまえばそれでおしまいというわけではありません。つねに車や人が通り、雨風にさらされるため、時間がたてばいたんできます。

現在、多くの橋やトンネルで老朽化が問題となっています。これらの多くが、高度経済成長期の1950年代から70年代にかけて建設されたものです。2018年現在、高架などをふくめた橋は国内に約73万カ所あり、そのうち建設後50年以上のものは約25％、2033年には約63％になるといわれています。

2012年の12月には、山梨県にある笹子トンネルの天井の板が約130メートルにわたり落下し、9名が亡くなる事故がありました。この事故はトンネルの老朽化や点検不足などが原因とされ、以後同じような事故が全国で多発するのではないかといわれています。本格的な点検・整備が進められていますが、国の財政難と人手不足により、思うように進んでいないのが現状です。

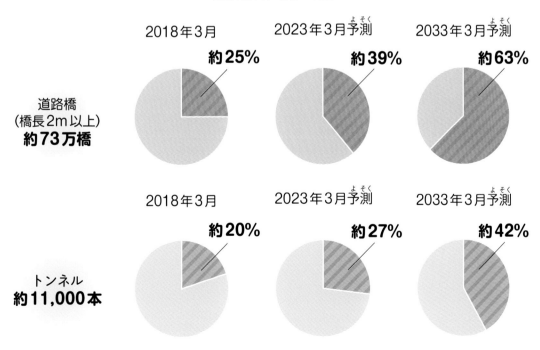

建設後50年以上が経過する道路橋・トンネルの割合
(建設年度不明の橋約23万橋、トンネル約400本はのぞく)

道路橋
（橋長2m以上）
約73万橋

2018年3月 約25％
2023年3月予測 約39％
2033年3月予測 約63％

トンネル
約11,000本

2018年3月 約20％
2023年3月予測 約27％
2033年3月予測 約42％

出典：国土交通省ホームページ「インフラメンテナンス情報」

河川を整備するための税金

河川の整備で大事なのは、「治水」です。治水とは、洪水の被害を防ぎ、農業用水などに使えるように河川を改良することです。

たとえば、台風などで大雨が降り、河川が増水すると、水があふれて氾濫したり、堤防が決壊したりする危険が増します。また、山で土砂くずれなどが起こると、川の上流に土砂が流れこんで水をせき止め、たまった水が一気に下流に流れこむ土石流によっても、大きな被害をもたらします。

そのような被害を防ぐために、国や自治体は、堤防や護岸を整備して河川が氾濫するのを防いだり、ダムを作って河川に流れこむ雨水の量を調整したり、雨水を地下にためてゆっくり河川や海に流す施設を作ったりしています。

一方、土砂くずれなどの災害は、大雨のほか、山の森林を伐採したり、手入れをせずに荒れたままにしたりすることでも起こりやすくなります。そこで、植林や手入れをして森林を守る「治山」や、河川などに土砂が流れこまないようにする「砂防」などが行われます。

　また、地震による津波や、台風による高波を防ぐために、海岸に防波堤を作ったりすることも大事な防災対策です。

　このような治水、治山、砂防、津波・高波対策といった事業に使われる国の税金が、「治山治水対策事業費」で、2018年度予算によると8,449億円となっています。

　これまで、治水には多くの税金が投入され、堤防などが整備されてきましたが、2019年の台風19号では、多くの場所で河川の氾濫や堤防の決壊が起こりました。近年、これまでの常識では考えられないほどの大雨が降るなどの現象が起こっており、新たな治水対策が求められています。

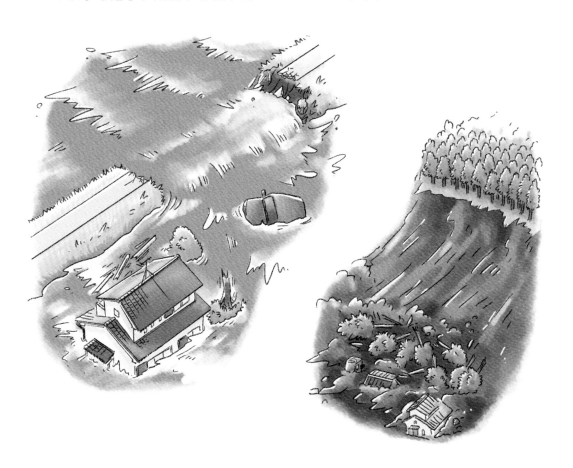

上下水道を整備するための税金

蛇口をひねると水が出てくる上水道や、トイレなどで流した水を処理場に運ぶ下水道は、私たちの生活にとって、なくてはならないものといっていいでしょう。しかし、日本で上水道の普及率が90%を超えたのは1980年ごろで、下水道はいまだ80%にみたないという状況です（2018年度末現在）。

上下水道は、基本的に自治体が経営する公営企業が整備・運営しています。この公営企業は、利用者が払う水道料金で運営されています。つまり、正確にいうと税金ではありません。ただ、自治体が公営企業に出資するときのお金、また上下水道の災害対策や、簡易水道※の整備費用の一部に税金が使われることがあります。

国の2018年度予算によると、下水道事業に54億円、水道施設整備の事業に176億円となっています。

※簡易水道：利用者が101人以上5,000人以下の、小規模の水道。

上下水道の整備費は、おもに利用者が支払う水道料金、下水道料金でまかなわれています。現状では、ほとんどの公営企業は黒字で運営されているようです。しかし、一部では、国や自治体の補助金でようやく黒字になっているところもあります。

さらに、少子高齢化で人口は減ってきているため、料金収入も減る傾向にあります。一方で、水道管などの設備の老朽化はどんどん進んでいます。

たとえば、上水道の水道管は、耐用年数が40年と定められていますが、2016年度の時点で耐用年数のすぎた水道管が全体の約15%もあります。しかし、1年間に交換できた水道管は全体の1%にもみたないのです。一方で、水は人が生きていくために必要不可欠なため、水道料金は低くおさえられています。よって、水道管の交換工事をする予算が足りない自治体がたくさんあるのです。

これからも水道事業を維持していくためにはどうすればよいか、考えていかなければいけないでしょう。

上水道の管路経年化率・更新率のうつりかわり

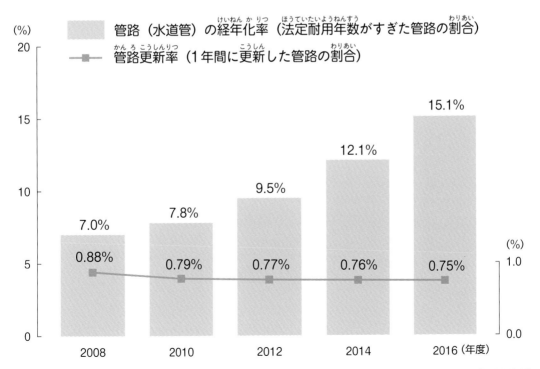

管路（水道管）の経年化率（法定耐用年数がすぎた管路の割合）
管路更新率（1年間に更新した管路の割合）

7.0%　0.88%
7.8%　0.79%
9.5%　0.77%
12.1%　0.76%
15.1%　0.75%

2008　2010　2012　2014　2016 (年度)

出典：『水道事業経営の現状と課題』（総務省資料）

公園を整備するための税金

　町に出れば、いろいろな場所で公園を見かけます。ひと口で公園といっても、子どもの遊具がたくさんおいてあるところもあれば、緑におおわれた自然あふれるところ、イベント会場として使われる広場など、さまざまな種類があります。

　日本には、町のなかに人工的に作られた都市公園と、自然のなかで環境保護を目的に整備された自然公園などがあります。そのなかで、国が土地を所有して管理する都市公園を「国営公園」といい、維持管理には入園料や国税などが使われます。

　一方、国が指定・保護する自然公園を「国立公園」といいますが、国がすべての土地を所有しているわけではなく、民間の土地もふくまれています。また、都道府県の要望で国が指定する自然公園を「国定公園」といい、都道府県が管理します。

　2019年3月現在、全国に国営公園が17カ所、国立公園が34カ所、国定公園が56カ所あります。これら以外にも、都道府県や区市町村が管理する自然公園や都市公園、民間企業や団体、個人が管理する公園や広場もあります。

国税に限れば、2018年度予算によると、国営公園の整備や維持管理などの費用が280億円、自然公園などに76億円となっています。民間企業や団体、個人が整備した公園であっても、一部で国や自治体の補助金が使われている例もあります。

また、国や自治体が整備した公園のなかには、民間企業などに管理・運営をまかせているところもあります。そのような公園のなかには、民間の力をいかして、子どもたちがよろこぶ遊具やおしゃれなカフェなどを設けて、たくさんの人でにぎわっているところもあります。

一方で、手入れがいきとどかず、雑草だらけで人もまばらという公園も少なくありません。公園には、自然とふれあったり、心身を休めたりという機能のほかに、地域の防災の拠点や避難場所という機能もあります。同じ税金を使うのであれば、効果的な活用法を考えていかなければならないでしょう。

公園水道廃棄物処理等施設整備費（6ページ）の内訳（2018年度）

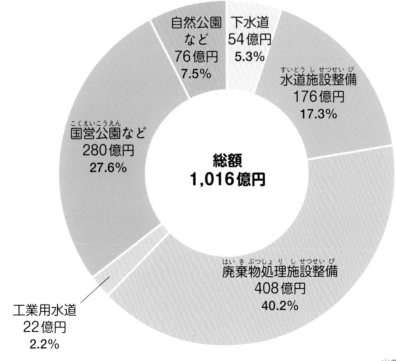

自然公園など
76億円
7.5%

下水道
54億円
5.3%

水道施設整備
176億円
17.3%

国営公園など
280億円
27.6%

総額
1,016億円

廃棄物処理施設整備
408億円
40.2%

工業用水道
22億円
2.2%

出典：財務省ホームページ
「平成30年度予算及び財政投融資計画の説明」

港や空港を整備するための税金

大型船が発着する大規模な港や、飛行機が発着する空港の多くは、国や自治体が建設・整備したものです。運営については、国や自治体が直接運営するところと、国や自治体、民間企業が共同でお金を出して作った企業にまかせているところなどがあります。

港では、近年、大きなコンテナ船が増えたことで、効率よく荷物をさばく必要性が増しています。そこで、国土交通省はAI（人工知能）を活用するなどの取り組みをはじめていて、そこにも税金が使われます。

また、外国からの荷物に有害な外来生物が付着し、それが日本にすみついてしまうことが問題になることがあります。

2017年、兵庫県の神戸港に入ってきたコンテナから、南アメリカ原産で中国などに生息する毒を持ったアリ「ヒアリ」が日本ではじめて発見されました。それからわずか2年ほどのあいだに、国内のいくつかの港やその周辺で発見されるようになりました。このような有害な外来生物などが入ってこないような対策をする費用にも、税金が使われます。

2020年のオリンピック・パラリンピック東京大会の開催もあり、世界中からたくさんの外国人が日本をおとずれるようになりました。また、中国や韓国などの周辺国とのあいだで、どの空港がアジアの拠点（ハブ空港）となるかを競っています。そこで国は、日本の空港の発着数をもっと増やそうとしています。そのために、空港の滑走路を増やしたり、24時間利用できるようにしたりといった対策を行っています。その費用に税金が使われています。

　2018年度、国が管理する25の空港[*1]を調べたところ、空港の事業だけで黒字になっているのは、東京国際（羽田）、新千歳（北海道）、小松（石川県）の3カ所だけでした[*2]。ほかにも、都道府県が管理する空港、民間企業が運営する空港などもふくめると97カ所ありますが、多くが赤字だといわれています。税金を使って赤字を補てんすることには、強い批判もあります。

＊1：民営化されている成田、関西、大阪、仙台などや、民間飛行機の利用がない千歳をのぞく。
＊2：航空系事業の営業損益で比較（2018年度）。

鉄道を整備するための税金

鉄道は、道路や港、空港などとならんで、私たちのくらしに欠かせない公共の交通施設です。このため、鉄道の運営自体はおもに民間企業が行いますが、鉄道路線や施設の整備、安全対策などには、公共事業として税金が使われることがあります。

たとえば、東京や大阪、名古屋の三大都市圏の鉄道（都市鉄道）の路線の長さは、日本全体の鉄道路線の20％弱にすぎません。一方で、都市鉄道が運ぶ人の数は、全国で鉄道に乗る人の数の90％近くを占めています。このため、国は都市鉄道の整備や充実に税金を使っています。

ほかにも、エレベーターやホームドアなどを設置するための支援や、地方の鉄道（地域鉄道）の安全性向上のための支援などにも、多くの税金が使われています。

三大都市圏の鉄道の現状（2010年度）

■ 東京圏（東京駅から半径50km）　■ 大阪圏（大阪駅から半径50km）　■ 名古屋圏（名古屋駅から半径40km）

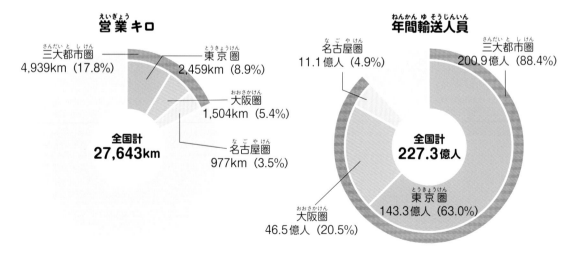

営業キロ

三大都市圏
4,939km（17.8％）

東京圏
2,459km（8.9％）

大阪圏
1,504km（5.4％）

名古屋圏
977km（3.5％）

全国計
27,643km

年間輸送人員

名古屋圏
11.1億人（4.9％）

三大都市圏
200.9億人（88.4％）

全国計
227.3億人

東京圏
143.3億人（63.0％）

大阪圏
46.5億人（20.5％）

出典：国土交通省ホームページ「都市鉄道の現状」

新幹線とは、おもな区間を時速200km以上の高速で走行できる幹線鉄道のことで、正式には「新幹線鉄道」といいます。

新幹線は、北は北海道から南は九州の鹿児島県まで、全国の都市を結び、日本の交通の大動脈となっています。このため、鉄道に関する税金の使い道のなかでも、重要なもののひとつが、「整備新幹線」の整備なのです。

整備新幹線は、「全国新幹線鉄道整備法」という法律にもとづいて、将来に向けて整備が進められている、新しい新幹線の路線です。具体的には、北海道新幹線、東北新幹線、北陸新幹線、そして九州新幹線の鹿児島ルートと西九州ルートの計5路線をいいます。

これらの新幹線の整備のために税金が使われていて、2018年度予算では、755億円となっています。

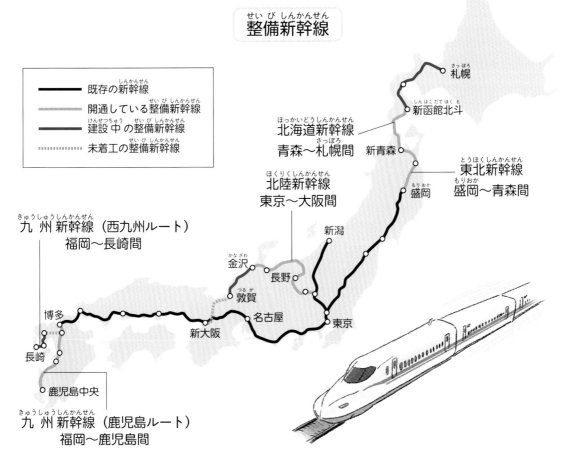

整備新幹線

- ──── 既存の新幹線
- ──── 開通している整備新幹線
- ──── 建設中の整備新幹線
- ┄┄┄┄ 未着工の整備新幹線

北海道新幹線
青森〜札幌間

東北新幹線
盛岡〜青森間

北陸新幹線
東京〜大阪間

九州新幹線（西九州ルート）
福岡〜長崎間

九州新幹線（鹿児島ルート）
福岡〜鹿児島間

札幌
新函館北斗
新青森
盛岡
新潟
金沢
長野
敦賀
名古屋
新大阪
東京
博多
長崎
鹿児島中央

出典：国土交通省ホームページ「全国の新幹線鉄道網の現状」

19

まちづくりのための 税金

　まちづくりや住まいの整備などに使われる国の税金は、「住宅都市環境整備事業費」と呼ばれています。なかでも、都営住宅、市営住宅などの「公営住宅」に関する費用に、多くのお金が使われています。

　公営住宅は、住まいに困っている低所得の世帯などに対し、都道府県や市町村が比較的安い家賃で提供する賃貸住宅です。多くは団地やアパートですが、なかには一戸建てのものもあります。

　国は、「公営住宅整備費等補助」や「公的賃貸住宅家賃対策補助」として税金からお金を出していて、2018年度予算では約118億円となっています。

　ほかにも、災害に強いまちづくりの支援や、近年、問題になっている空き家対策、子育てをしている家族が安心してくらすことのできる住まいや環境整備などにも、多くの税金が使われています。

住まいやまちづくりに関する国の支援の例 (2018年度予算からおもなもの)

・災害時の帰宅困難者や負傷者を受け入れる拠点作りへの支援　30億円

・建物が密集する市街地などへの防災の支援　50億円

・地震に強い住宅などへの改修・建てかえ支援　140億円

・空き家対策への支援　43億円

・健康や環境、省エネルギーに対応した「スマートウェルネス住宅」の推進事業　350億円

出典：『平成30年度住宅局関係予算概算要求概要』（国土交通省資料）

税金を使って行う都市の整備で身近な事業に、いわゆる「区画整理」があります。正式には、「土地区画整理事業」と呼ばれるもので、道路や公園、河川といった公共の施設を整備して、土地の区画を整えることで、私たちが生活する地域を活性化する事業です。

土地区画整理事業によって、公共施設が整備・改善され、町の安全性や快適性、利便性が向上し、ほかの公共施設や宅地の整備、建築物などの改築が進み、町全体が経済的に豊かになる効果が期待されます。

一方で、こうした税金による都市の整備は、ときとして税金のむだづかいにつながりかねません。私たちのくらしや町の発展につながらない、むだな道路や公共施設が作られてしまう例もあるため、住民みんなが、行政の動きを注意して見ていく必要があります。

区画整理のしくみ

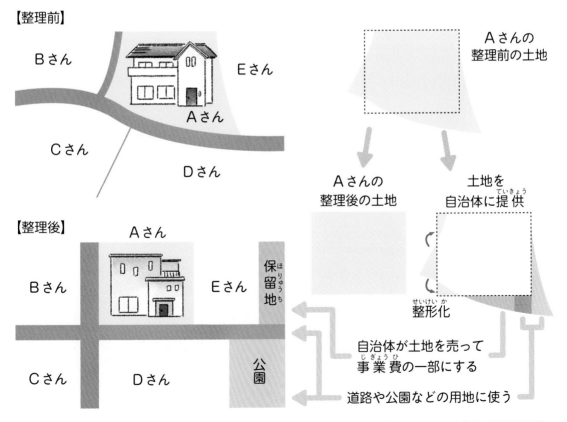

【整理前】
Bさん　Eさん　Aさん　Cさん　Dさん

Aさんの整理前の土地

Aさんの整理後の土地　土地を自治体に提供

整形化

【整理後】
Aさん　Bさん　Eさん　Cさん　Dさん　保留地　公園

自治体が土地を売って事業費の一部にする

道路や公園などの用地に使う

出典：国土交通省都市局市街地整備課ホームページ「土地区画整理事業」

農地を整備するための税金

農業は、私たちの食生活を支える大切な産業です。このため、農地を整備して農業や農村を発展させ、国民の食料を安定的に供給するために税金が使われています。

農業の発展を支援するために、国の税金を使って行われる公共事業に「農業農村整備事業」があります。たとえば、農地を整備することは、田んぼや畑で作る作物の生産量を増やすだけではなく、洪水の防止や水源地の保護など、防災や環境保護にもつながります。また、農道の整備によって、米や野菜などの生産地から、市場やお店までの輸送時間が短くなり、より新鮮な農産物が家庭の食卓にとどくようになります。

そのほかにも、農業用水の供給や排水施設の整備、農村地域の環境をよくするための整備なども、大切な事業となっています。国の2018年度予算によると、農業農村整備事業の費用が3,211億円となっています。

廃棄物処理施設を整備するための税金

廃棄物（ごみ）には、大きく分けて一般廃棄物と産業廃棄物の2つがあります。一般廃棄物とは家庭などから出るごみのことで、各自治体が税金などを使って処理をします。

産業廃棄物とは、食品や製品を作ったり、売ったりする際に発生するごみのことです。たとえば、工場から出る金属や紙のくず、工事現場から出るがれき、燃えかすやプラスチックなど20種類が、法律で産業廃棄物と定められています。

このような一般廃棄物や産業廃棄物の処理をする施設などの整備には、国からの交付金のほか、各自治体の予算などが使われています。

一方で、廃棄物をできるだけ減らして、リサイクルを進める取り組みも行われていて、そのために「産業廃棄物税」を取る自治体も増えています。この税金は、廃棄物処理を行う業者などに課税する地方税です。課税するかの判断や課税方法などは、自治体がそれぞれ個別に決めています。2019年4月現在、全国で28の自治体が、この税金を導入しています。

産業廃棄物税については、東北や中国、九州地方ではすべての県で導入されているのに対し、関東地方で導入している自治体はなく、地域によるかたよりが見られます。

なにが問題なの？
公共事業

日本は先進国のなかでも、道路や河川（かせん）、空港、まちづくりなどの公共事業に使う税金（ぜいきん）の額（がく）が多いといわれてきました。たしかに、アメリカやフランス、イギリス、ドイツといった先進国とくらべると、かつては日本の公共事業にかけるお金が多かったのですが、近年は差がかなりちぢまっています。

1950〜70年代の高度経済成長（こうどけいざいせいちょう）期（き）の日本では、ほかの先進国とくらべて遅（おく）れていたインフラ（➡6ページ）の整備（せいび）を急ピッチに進めるため、公共事業に多くの税金（ぜいきん）を使い、さらに足りない分を国債（こくさい）の発行でおぎなってきました。国会議員が、自分の地元の選挙区に高速道路や鉄道が建（けん）設（せつ）されるよう、行政（ぎょうせい）に働きかけることもよくありました。

しかし、2000年代に入って財政（ざいせい）が悪化すると、税金（ぜいきん）のむだづかいに対する国民の目がきびしくなり、公共事業に使われる税金（ぜいきん）の額（がく）は大きく減（へ）っていきました。

主要5カ国の公共投資比率（こうきょうとうしひりつ）のうつりかわり

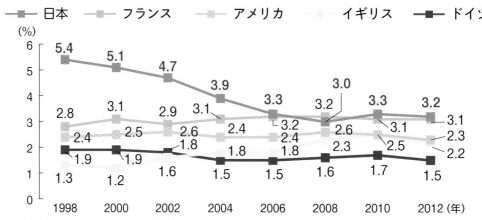

※政府の公的固定資本形成（こうてきこていしほんけいせい）（IG）の国内総生産（こくないそうせいさん）（GDP）に占（し）める割合（わりあい）を計算したもの（名目（めいもく）値）。
日本は年度。

出典：『平成25年度　国土交通白書』（国土交通省）

日本の公共事業のなかには、施設や建物を作ることが目的となり、使い道や活用法が十分に話しあわれないものもあります。その結果、完成してもあまり使われず、「箱もの」と呼ばれて批判の対象になる公共の施設も少なくありません。

また、1950〜70年代にたくさん作られたインフラの老朽化も問題となっています。日本よりも早くインフラ整備が進んだアメリカなどは、ひと足先に対策を進めていますが、日本ははじまったばかりです。内閣府の試算では、老朽化したインフラの維持や更新に、2015〜54年度の総額で約399兆円が必要とされています。しかし、少子高齢化で社会保障費が増大する日本では、財政に余裕がないのが現状です。

インフラの維持・更新よりも新しいものを作ることに力を入れてきた日本ですが、これまでのやり方を変えて、なにが大事かの優先順位を考え直すことが求められています。

考えてみよう！

限られた財政のなかで、老朽化するインフラの維持・更新を進めていくにはどうすればいいか、考えてみましょう。

日本の食料を守るための税金

　国家を維持していくために、食料政策は、とても大事なもののひとつです。食料が安定して供給されることは、国民が健康で文化的な生活を送るための基礎であり、国の大切な責務でもあります。

　食料の供給状態を知る目安のひとつに、「食料自給率」があります。これは、その国で消費される食料全体のうち、国内で生産されたものの占める割合を計算したものです。日本の食料自給率は、年々低下する傾向にあり、アメリカ（130%）やフランス（127%）、ドイツ（95%）、イギリス（63%）など、先進国のなかでも最低水準の30%台（カロリーベース）となっています。

　このような状況を改善するため、食料の生産地である農村・漁村への支援や、農業・漁業などの産業の振興に、さまざまな形で税金が使われています。

　たとえば、農林水産省の「農山漁村振興交付金（農山漁村活性化整備対策）」では、食料の生産地である農村や漁村に定住する人を増やす事業や、地域を活性化する事業などに、支援を行っています。

日本の食料自給率のうつりかわり

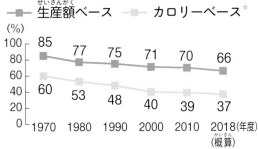

― 生産額ベース　⋯ カロリーベース*

(%)
	1970	1980	1990	2000	2010	2018(年度)(概算)
生産額ベース	85	77	75	71	70	66
カロリーベース	60	53	48	40	39	37

＊カロリーベース：消費量（重さ）を供給熱量（カロリー）に換算したもの。

出典：農林水産省ホームページ「日本の食料自給率」

世界の食料自給率 (2013年)

- アメリカ　**130%**
- カナダ　**264%**
- ドイツ　**95%**
- フランス　**127%**
- イタリア　**60%**
- イギリス　**63%**
- 韓国　**42%**
- 日本　**39%**

（カロリーベース）

出典：農林水産省ホームページ「世界の食料自給率」

食料自給率の低下とあわせて、日本の食料問題に影響を与えると考えられているのが、「環太平洋パートナーシップ協定(TPP)」です。TPPは、太平洋を取り囲む国々のあいだで、より自由に貿易をしていこうという、国同士の取り決めです。

TPPによって、国同士の貿易が自由になると、各国の経済がさかんになるといわれています。一方で、自由な貿易により外国で生産された値段の安いものが輸入され、国内の産業がおとろえてしまうのではないかとも指摘されています。

こうしたTPPの問題点は、特に農業や畜産業、漁業など、食料にかかわる産業に大きな影響を与えると考えられています。このため、食料自給率の向上、安定的な食料の確保、備蓄など、日本の食料を守るための取り組みを進める必要があります。

TPPの参加国（2020年1月現在）

日本
ベトナム
マレーシア
シンガポール
ブルネイ
オーストラリア
ニュージーランド
カナダ
メキシコ
ペルー
チリ

出典：一般社団法人日本貿易会ホームページ

エネルギーを確保するための税金

日本では、石油やガスなどの燃料資源が国内でほとんどとれず、輸入にたよっています。そこで、エネルギーを長期にわたって安定的に確保するために使われる税金が、「エネルギー対策費」です。

国の2018年度予算によると、エネルギー対策費が9,186億円となっています。この予算を使い、省エネルギーの推進をはじめ、有限な化石燃料（石油、石炭、天然ガスなど）に代わる、太陽光や風力、地熱など

を活用した再生可能エネルギーの導入など、さまざまな政策が進められています。

具体的には、省エネルギー技術、再生可能エネルギー技術の開発や設備の導入、石油の備蓄、石油の生産や流通の合理化などがあります。また、海外での石油や天然ガスなどの資源の開発にかかる費用の一部や、原子力発電にかかわる安全対策費なども、エネルギー対策費にふくまれています。

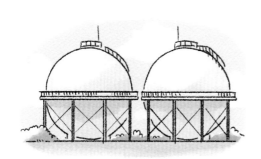

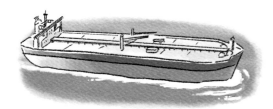

石油は、自動車の燃料となるガソリンや軽油、暖房などに使われる灯油、プラスチックの原料など、さまざまなものに使われます。

生活に欠かせないエネルギーを安定的に確保するためのさまざまな政策を行う財源として、燃料の価格には、税金がふくまれています。たとえば、石油には、使用目的などによって、石油石炭税や石油ガス税、ガソリン税、軽油引取税、航空機燃料税などの税金が課せられています。

ちなみに、身近な燃料であるガソリンには、本体の価格に加えてガソリン税や石油石炭税、地球温暖化対策のための税（➡31ページ）、消費税が課せられており、購入価格の半分近くが税金で占められています。

一方で、石油の原料となる原油の価格は、産油国の生産能力をはじめ、政治や経済にかかわるさまざまな要因で変わります。このため、税金をふくめた最終的な石油製品の価格も変わりやすく、私たちの家計に大きな影響を与えます。

ガソリン1Lの価格

(ガソリン本体価格を1Lあたり72.0円とした場合。税率は2019年現在)

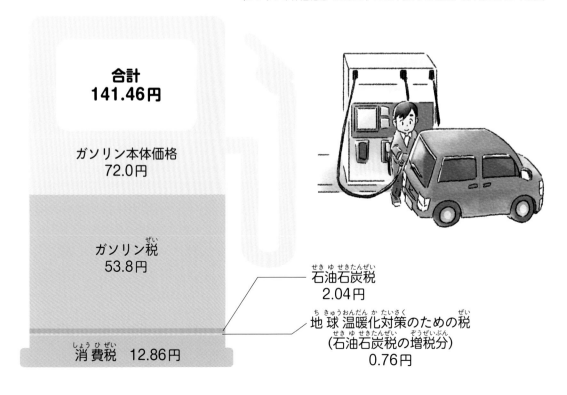

合計
141.46円

ガソリン本体価格
72.0円

ガソリン税
53.8円

石油石炭税
2.04円

地球温暖化対策のための税
（石油石炭税の増税分）
0.76円

消費税　12.86円

地球環境保護のための税金

地球環境の保護は、私たちの生活に直結する、大きな課題となっています。なかでも、地球温暖化への対応は、日本だけでなく世界全体にとって重要で、すぐに取り組まなければならないテーマです。

地球温暖化の原因となる温室効果ガスの80%近くは、二酸化炭素（CO_2）です。CO_2の排出をおさえることが緊急の課題だといえるでしょう。

このため、日本では、温暖化を防ぐための「低炭素社会」の実現に向けて、2050年までに80%の温室効果ガスの排出削減を目指しています。かつて、その対策として原子力が重要視されてきましたが、2011年に起こった福島第一原発事故により、原子力に対する信頼が失われました。そこで、原子力への依存度を低くしながら省エネルギーを進め、環境に優しい再生可能エネルギーの割合を増やしていくことが求められています。

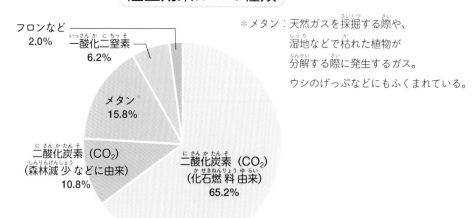

温室効果ガスの種類

- フロンなど 2.0%
- 一酸化二窒素 6.2%
- メタン* 15.8%
- 二酸化炭素（CO_2）（森林減少などに由来）10.8%
- 二酸化炭素（CO_2）（化石燃料由来）65.2%

＊メタン：天然ガスを採掘する際や、湿地などで枯れた植物が分解する際に発生するガス。ウシのげっぷなどにもふくまれている。

出典：気象庁ホームページ「温室効果ガスの種類」

「低炭素社会」の実現に向けて、温室効果ガスを発生させない再生可能エネルギーの導入や、省エネルギー対策などによる地球温暖化対策を進めるために、2012年から「地球温暖化対策のための税」が段階的に施行されました。

これは、石油石炭税の税率を引き上げる形で導入され、2016年には最終税率への引き上げが完了しました。石油や天然ガス、石炭などすべての化石燃料の利用に対して、CO_2の排出量（環境負荷）に応じて、広く公平に税の負担を求めるようになっています。

具体的には、化石燃料ごとにちがうCO_2排出量を計算し、それぞれの税負担がCO_2排出量1トンあたり289円になるように、税率を設定しています。この税を実際に払うのは化石燃料を販売する企業ですが、最終的な製品の価格に加えられるため、一般的な家庭で月100円くらいの負担になるとされています。

「地球温暖化対策のための税」による家計負担（試算）

ガソリン　0.76円／L
(1世帯あたり年間消費量　448L)

灯油　0.76円／L
(1世帯あたり年間消費量　208L)

電気　0.11円／kWh
(1世帯あたり年間消費量　4,748kWh)

都市ガス　0.647円／Nm³
(1世帯あたり年間消費量　214Nm³)

LPガス　0.78円／kg
(1世帯あたり年間消費量　89kg)

→1世帯あたりの負担額
年1,228円
（月102円）

出典：環境省ホームページ「地球温暖化対策のための税の導入」

災害の復旧や復興のための税金

　台風や地震などの災害が発生した際、その復旧のために使われる税金に、「災害復旧等事業費」があります。これは、自然災害により被災した公共の土木施設や農林水産業施設をできるだけ早く復旧することを目的としたものです。対象となるのは、河川や海岸をはじめ、道路や港、下水道、公園、農地、林道などです。

　災害復旧事業では、国と自治体がその費用を分担しますが、国の負担が3分の2以上を占めています。実際には、地方交付税交付金なども使うため、自治体の負担は最大でも1.7％と、ほぼ全額が国の負担となっています（災害が起こった年の場合）。

　災害は発生する時期や規模の予測がむずかしく、災害復旧に必要な費用もとても大きいため、それを自治体だけで負担するのは大変です。そこで、国の負担が大きくなるように制度が作られているのです。

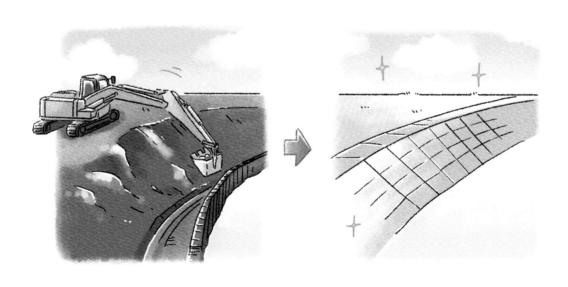

「復興予算」とは、大きな災害などからの復旧や復興に使われる予算のことです。この予算は、被災した地域の道路や鉄道、学校、病院、公園、河川などの公共施設の整備をはじめ、被災住宅やがれきの処理、被災した人たちの生活の再建や支援、地域の産業復興など、さまざまなことに使われます。

　これまでに日本で起こった大きな災害に対する復興予算を見ると、た

とえば、今から100年近く前に関東地方で発生し、大きな被害をもたらした関東大震災では、当時の国の予算全体の3分の1以上にあたる、およそ6億円もの予算が使われました。

　近年では、1995年に発生した阪神・淡路大震災で約5兆円（5年間）、2011年に発生した東日本大震災では、2018年度までに約35.3兆円が使われました。

東日本大震災に使われたおもな復興予算
（2011 ～ 2018年度の復興関連予算執行状況）

（執行見込額）

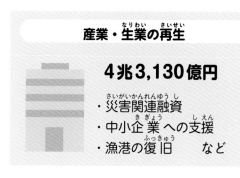

被災者への支援

2兆1,669億円

・仮設住宅の提供
・被災者生活再建支援金の
　支給　　など

産業・生業の再生

4兆3,130億円

・災害関連融資
・中小企業への支援
・漁港の復旧　　など

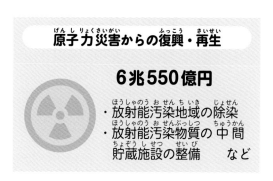

住宅の再建・まちづくり

12兆1,306億円

・災害廃棄物の処理
・堤防や道路などの復旧
・住宅の高台移転　　など

原子力災害からの復興・再生

6兆550億円

・放射能汚染地域の除染
・放射能汚染物質の中間
　貯蔵施設の整備　　など

出典：『平成30年度東日本大震災復興関連予算の執行状況について』（復興庁資料）

考えてみよう なにが問題なの？
復興予算（ふっこうよさん）

2011年に発生した東日本大震災（ひがしにほんだいしんさい）では、死者19,689人、行方不明者2,563人、家屋の全壊（ぜんかい）121,995棟（むね）など、とてつもなく大きな被害（ひがい）が発生しました（2019年3月現在（げんざい））。

このため毎年、ばく大な金額（きんがく）の復興（ふっ）予算（こうよさん）が投じられています。たとえば、2020年度予算案では、震災（しんさい）の復興（ふっこう）を担（にな）う復興庁（ふっこうちょう）への予算が1兆4,024億円におよびます（概算決定（がいさんけってい））。

これら復興予算（ふっこうよさん）の財源（ざいげん）には、2013年から25年間にわたって個（こ）人の収入（しゅうにゅう）に課せられている復興特（ふっこうとく）別所得税（べつしょとくぜい）や、2014年から10年間にわたる個人住民税（こじんじゅうみんぜい）の増税（ぞうぜい）、さらに政府の持つ資産（しさん）を売ったお金などがあてられています。

一方で、人手不足や、復興（ふっこう）に必要な土地の買い入れの遅（おく）れといった理由で、復興予算（ふっこうよさん）が年度内に使い切れないということも起こっています。2011〜13年度までのあいだで、約9兆円が使い切れずに、翌年度（よくねんど）にくりこされました。

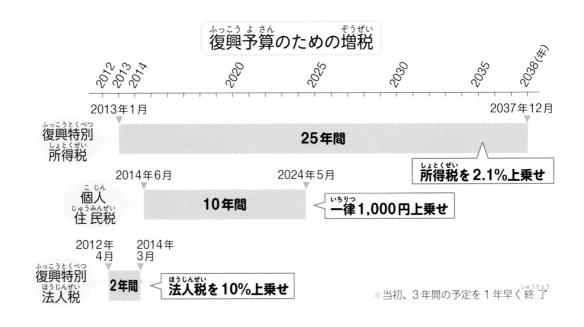

復興予算（ふっこうよさん）のための増税（ぞうぜい）

2012 2013 2014　2020　2025　2030　2035　2038（年）

2013年1月　2037年12月

復興特別（ふっこうとくべつ）所得税（しょとくぜい）　25年間　所得税（しょとくぜい）を2.1%上乗せ

2014年6月　2024年5月

個人（こじん）住民税（じゅうみんぜい）　10年間　一律（いちりつ）1,000円上乗せ

2012年4月　2014年3月

復興特別（ふっこうとくべつ）法人税（ほうじんぜい）　2年間　法人税（ほうじんぜい）を10%上乗せ

※当初、3年間の予定を1年早く終了（しゅうりょう）

さらに、東日本大震災の復興予算の使い方で大きな問題となっているのが、予算の不適切な流用です。

国のお金の使い方を調べる会計検査院は、震災の発生から2年がすぎた2013年に、2011年度と2012年度に使われた復興予算およそ15兆円のうち、約1兆4,000億円が、被災地と直接かかわりのない事業に使われていたと発表しました。

その内容を見ると、たとえば東京都にある省庁の建物の改修に約14億円、沖縄県の国道整備に6,000万円、ウミガメの保護や監視のために280万円など、いずれも東日本大震災で被害を受けたとは考えにくいものです。

こうした税金のむだづかいを防ぎ、国民の税金を正しく使ってもらうために、私たちは税金について知り、その使い道をチェックしていくことが大切です。

復興予算の不適切な流用の例

- 海外のレアアース鉱山の買収支援　**80億円**
  （のちに全額返還）
- 調査捕鯨への支援　**21億9,000万円**
- 中央合同庁舎の改修　**14億1,100万円**
- 就職希望者への支援　**12億3,000万円**のうち約8割が被災地以外
- 沖縄県の国道整備への支援　**6,000万円**
- ご当地アイドルのイベントへの支援　**4,300万円**
- ウミガメの保護・監視への支援　**280万円**

考えてみよう！

被災地のための復興予算を、より適切に使っていくためには、どうすればよいでしょうか？　みんなで考えてみましょう。

一般会計と特別会計

4ページのグラフでは、国の歳出は約97.7兆円となっています。しかし、これは国が1年間で使うお金のすべてではありません。

1年度（4月から翌年の3月）に使う予算は、前年度の3月までに国会の議決によって決まります。しかし、予算を決めたあとで、大きな災害が起こったり、株価の暴落などで急に景気が悪くなったりすることがあります。その場合、年度の途中でも予算を組みなおすことがあります（補正予算）。2018年度では、国の補正予算が2度組まれ、約4兆円が追加されました。つまり、2018年度の最終的な国の予算は、約102兆円になります。

しかし、これらは「一般会計」と呼ばれる予算です。予算には、もうひとつ「特別会計」と呼ばれるものがあります。2018年度の国の特別会計予算は388.5兆円で、一般会計と重なっている部分などをのぞくと195.7兆円となり、一般会計予算を大きく上回ります。

注：実際には、一般会計と特別会計はたがいにお金をやりとりしています。その重なった部分などをのぞくと、実質の特別会計予算（2018年度当初予算）は、195.7兆円になります。

特別会計予算の歳出 （2018年度当初予算）

特別会計の歳出総額　388.5兆円		
純計額　195.7兆円	会計間のやりとり 89.5兆円	国債の借りかえ* 103.2兆円

社会保障給付費 69.0兆円　国債費など 88.0兆円

├── 地方交付税交付金など19.1兆円
├── 財政投融資へのくり入れ12.0兆円
├─ 復興経費1.9兆円
└─ その他5.7兆円

＊国債の借りかえ：期限が来た国債の返済のための資金を得るために、新たに国債を発行すること。

出典：『平成30年版特別会計ガイドブック』（財務省主計局）

なぜ、予算には一般会計と特別会計の2つがあるのでしょうか？

一般会計とは、税金や国債などを財源にして、社会保障や公共事業、教育など、国の基本的な政策に使う会計です。しかし、国の仕事はもっと広く、複雑になっています。事業によっては、歳入・歳出を一般会計と区別したほうが、お金の出入りがわかりやすくなる場合があるため、特別会計をもうけているのです。使い道によって、さいふをわけるイメージです。

特別会計は、国が行う特定の事業や資金運用を行う会計で、たとえば年金、労働保険、道路や治水、空港などの整備、財政投融資、東日本大震災の復興事業などがあります。これらは、国債や税金のほか、年金や介護保険などの保険料収入、前年度に使い切れずにあまった予算（剰余金）、手数料収入などが財源となります。

しかし、なかには一般会計でまかなっても問題がないものもたくさんあり、しくみが複雑でどう使われているのかがかえってわかりにくい特別会計には、強い批判の声もあります。

さくいん

参考資料

『図説　日本の財政（平成30年度版）』宇波弘貴編著（財経詳報社）

『財政のしくみがわかる本』神野直彦著（岩波ジュニア新書）

『改訂新版　イラストで学べる税金のしくみ』（全3巻）大野一夫著（汐文社）

『税ってなに?』（全4巻）三木義一監修（かもがわ出版）

『税金の大事典』神野直彦監修（くもん出版）

財務省ホームページ

国税庁ホームページ

内閣府ホームページ

総務省ホームページ

国土交通省ホームページ

農林水産省ホームページ

環境省ホームページ

気象庁ホームページ

復興庁ホームページ

会計検査院ホームページ

一般社団法人日本貿易会ホームページ

イラスト●佐田みそ

本文デザイン●佐藤紀久子（株式会社ワード）

表紙デザイン●西野真理子（株式会社ワード）

執筆協力●澤野誠人（株式会社ワード）、瀬沼健司

編集協力●大橋直文

制作協力●株式会社ワード

どうなってるの？　税金の使われ方

③くらしを作る〜道路・水道・防災ほか

2020年3月　初版第1刷発行

編著者　『税金の使われ方』編集委員会
発行者　小安宏幸
発行所　株式会社汐文社
　　　　〒102-0071　東京都千代田区富士見1-6-1
　　　　電話 03-6862-5200　ファックス 03-6862-5202
　　　　URL https://www.choubunsha.com
印　刷　新星社西川印刷株式会社
製　本　東京美術紙工協業組合

ISBN 978-4-8113-2658-0